Lk⁷ 1914 (Louis-François-Désiré-Edouard Pie.)

DISCOURS

DE

MGR L'ÉVÊQUE DE POITIERS

A LA CÉRÉMONIE

DU

COURONNEMENT DE NOTRE-DAME DE CHARTRES

LE XXXI MAI M DCCC LV.

POITIERS

LIBRAIRIE DE HENRI OUDIN, IMPRIMEUR-ÉDITEUR

A CHARTRES,	A PARIS,
CHEZ GARNIER,	CHEZ LAGNY FRÈRES,
Libraire.	rue Garancière, 8.

1855

SE VEND

AU PROFIT DE LA RESTAURATION DE L'ÉGLISE SOUTERRAINE DE
NOTRE-DAME DE CHARTRES.

DISCOURS

DE

MGR L'ÉVÊQUE DE POITIERS

A LA CÉRÉMONIE

DU

COURONNEMENT DE NOTRE-DAME DE CHARTRES

LE XXXI MAI M DCCC LV.

Veni, coronaberis.
Venez, vous serez couronnée.
CANTIC. IV. 8.

MESSEIGNEURS [1],

Telle est la douce invitation par laquelle le Roi des cieux appelle Marie au séjour de l'éternelle gloire. Encore bien, lui dit-il, que je t'aie donné le premier rang sur la terre, encore que je t'aie placée à une distance incomparable au-dessus de toute la création,

---

[1] S. E. le Cardinal-Archevêque de Bordeaux; LL. GG. NN. SS. l'Archevêque de Paris, l'Évêque de Chartres, l'ancien Évêque de Chartres, l'Évêque de Meaux, l'Évêque de Beauvais, l'Évêque de Blois.

ce Liban terrestre d'où tu domines toutes les vallées d'Israël n'est pas un trône assez élevé pour tes pieds ; ces cèdres majestueux qui inclinent leurs rameaux vers ton front ne forment pas une guirlande assez riche pour ta tête. Viens, mon épouse ; viens, la compagne de ma fécondité, la mère de mon fils ; viens : c'est de ma main que tu seras couronnée : *Veni de Libano, sponsa mea, veni de Libano, veni, coronaberis.* Et l'humble Vierge, obéissant à ce triple appel de l'Époux, a quitté nos rivages. Les anges l'ont portée au sommet des saintes collines. Sans nul retard, l'auguste solennité du couronnement s'accomplit. Le Père Tout-Puissant dépose sur la tête de la triomphatrice une couronne dont les splendeurs ne peuvent être décrites par aucune bouche mortelle. Le grand apôtre n'a-t-il pas dit que l'œil de l'homme ne saurait voir, ni son oreille entendre, ni son cœur sentir ce que Dieu réserve à ceux qui l'aiment[1]? Or, quand la gloire du moindre des élus est quelque chose d'inaccessible au regard, à l'ouïe, au sentiment, à la parole de l'homme, que penser de la gloire de Marie, qui dépasse, à elle seule, la mesure de gloire de tous les autres élus ensemble ? La gloire, c'est le couronnement de la grâce. Mais il a été conféré plus de grâce à la Vierge mère de Dieu qu'à tous les enfants de Dieu. Que dis-je ? La grâce qui s'est répandue dans toutes les autres âmes n'est qu'un écoulement, une dérivation de celle dont

---

[1] I Corinth. II. 9.

la fontaine jaillissante est en Marie. Enfin, outre les dons que la source a ainsi épanchés, il en est de plus rares, de plus exquis qui se sont arrêtés et fixés en elle, et que la fille d'Adam conçue sans péché, la vierge féconde, la mère du Verbe fait chair n'a partagés avec personne. Assemblez donc toutes les pierreries les plus magnifiques des diadèmes qui ceignent le front des apôtres, des martyrs, des confesseurs, des vierges ; faites converger dans une seule auréole tous les rayons qui partent de ces milliers de nimbes éblouissants : ces diamants et ces feux sont pâles, sont vulgaires ; il y faut des tons plus chauds, des reflets plus vifs. Et, par surcroît, il y faut joindre d'autres lumières, d'autres perles réservées qui n'appartiennent qu'au diadème et à l'auréole de Marie, parce qu'elles doivent exprimer la glorification de priviléges uniques et de prérogatives sans exemple.

N'attendez donc pas de moi, Messeigneurs et mes Frères, qu'en la solennité de ce jour je vous raconte le couronnement céleste de Marie : nous ne jouirons de ce spectacle qu'au ciel. Lorsque nous serons en possession de la vision bienheureuse, lorsque nous contemplerons Dieu face à face et dans son essence, alors seulement nous verrons ce que c'est que cette même essence de Dieu communiquée à sa mère selon toute l'étendue du possible en deçà de l'union hypostatique de la créature avec la divinité. Jusque-là, qu'il nous suffise de savoir ce qu'il a été donné à Jean le bien-aimé d'en entrevoir du fond de son exil. Un jour qu'il pleurait sur son rocher désert, un grand signe lui apparut dans les cieux : c'était une femme revêtue du soleil ; elle avait la lune sous ses pieds, et sur sa tête une couronne de douze étoiles[1]. Et les commentateurs sacrés nous disent : Ce soleil, qui investit la mère de Dieu d'un manteau de flammes, c'est la divinité qui a résidé dans ses chastes flancs, se faisant jour par mille rayons à travers la chair virginale, à peu près comme elle brisa l'enveloppe de l'humanité sainte au Thabor. Cette lune, qui étend sous ses pieds le moelleux tapis de sa lumière plus douce, c'est l'Eglise de la terre, sujette encore aux épreuves, aux vicissitudes du temps, renvoyant vers la Reine des vertus tous les mérites, toutes les splendeurs voilées des âmes saintes qu'elle renferme. Ces douze étoiles qui forment un cercle lumineux autour de sa tête, ce sont tous les chœurs célestes, toutes les tribus bienheureuses de l'ancien et du nouvel Israël, couronnant de leur éclat radieux la Reine des anges et des saints.

Cela dit, la gloire de Marie dans le ciel demeure un livre scellé pour nous. Et je viens vous parler de son couronnement sur la terre, ou plutôt de son couronnement à Chartres, dans le passé et aujourd'hui. Venez, ô Marie ; là aussi vous serez couronnée : *Veni, coronaberis*.

Car, M. T. C. F., Marie, en entrant dans le ciel, n'a pas été dépossédée de la terre, qui est l'héritage de

---

[1] Apoc. XII. 1.

son fils et le sien ; et l'accomplissement de l'oracle prophétique qui est sorti de ses lèvres demande qu'elle y soit louée, glorifiée par toutes les générations [1]. N'avez-vous pas lu avec transport dans l'office de la bienheureuse Vierge ces paroles que l'Église lui attribue : « Je suis sortie de la bouche du Très-Haut, et » je suis née avant toute créature. J'habite au plus » haut des cieux, et seule j'en ai fait tout le tour. » J'ai posé mes pieds sur toute la terre, et j'ai oc- » cupé la première place dans toutes les nations, et » je me suis soumis les cœurs de tout ce qu'il y a » de plus grand comme de plus humble, et j'ai jeté » mes racines chez le peuple que Dieu a honoré, et » j'ai établi mon séjour dans la cité que Dieu a sanc- » tifiée [2] ? » Assurément, M. F., je n'ai pas la prétention d'appliquer textuellement ces derniers mots au royaume de France et à la cité de Chartres. Disons pourtant que Marie n'a plongé ses racines dans aucun sol plus avant que dans le sol français ; disons qu'elle n'a fixé sa demeure terrestre dans aucune ville avec plus de prédilection que dans la ville qui nous assemble en ce moment.

Le grand annaliste de l'Église, Baronius, a écrit *que l'empire des Francs s'est formé et s'est dilaté par le culte*

---

[1] Luc. I. 48.
[2] Ego ex ore altissimi prodivi, primogenita ante omnem creaturam. Ego in altissimis habitavi... Gyrum cœli circuivi sola, et in omni terra steti, et in omni gente primatum habui, et omnium excellentium et humilium corda virtute calcavi,... et radicavi in populo honorificato... et in civitate sanctificata similiter requievi. Eccli. XXIV. 5-16.

— 8 —

des saints, pour durer aussi longtemps que ses fondements resteront posés sur ce même culte, et pour ne finir qu'autant que ces mêmes fondements seraient arrachés par l'impiété de l'hérésie[1]. Et nous lisons au préambule de la loi salique : « Vive le Christ qui aime les Francs !...
» C'est cette nation brave et intrépide qui, encore
» païenne, a secoué par les armes le joug si dur des
» Romains, et qui, après avoir reçu le baptême chré-
» tien, a recueilli dans l'or, et somptueusement orné
» de pierres précieuses, les corps des saints martyrs
» que les Romains avaient brûlés, massacrés, jetés
» aux bêtes [2] ! » Or, si rien n'est plus ancien, plus traditionnel en France que le culte des saints, si rien ne se lie davantage aux origines et aux destinées de cette monarchie, un de nos rois nous dira que cette proposition est beaucoup plus incontestable encore lorsqu'il est question du culte de Marie, la mère de Dieu, l'ouvrière de notre salut [3]. Ce culte, introduit

---

[1] Ex sanctorum cultu firmatum Francorum imperium et propagatum, tamdiu permansurum quamdiu ejus modi in cultu jacta fundamenta permanserint; periturum vero omnino cum eadem fuerint hæretica pravitate revulsa. BARON., ad ann. 484.

[2] Vivat qui Francos diligit Christus... Hæc est enim gens quæ, fortis dum esset et robore valida, Romanorum jugum durissimum de suis cervicibus excussit pugnando; atque, post agnitionem Baptismi, sanctorum martyrum corpora quæ Romani igne cremaverunt, vel ferro trucidarunt, truncarunt, aut bestiis laceranda projecerunt, sumptuose auro et lapidibus pretiosis exornavit. *In legem quam Salicam vocant præfatio.*

[3] Ego Henricus, Francorum rex Dei gratia. Si erga cultum sanctorum et utilitatem ecclesiarum antiquorum institutio nos voluit esse devotos, quanto magis erga singularem memoriam nostræ salvationis, videlicet Dei genitricis, quam post Deum credimus et confidimus non solum nostræ salutis ammini-

en France avant la venue des Francs eux-mêmes, s'y est tellement naturalisé qu'un grand Pape, au siècle dernier, n'a pas craint de déclarer la nation française impérissable, parce qu'elle est le royaume de Marie! Que l'on consulte l'histoire de nos églises et l'histoire de nos provinces, que l'on considère surtout les monuments des arts, et qu'on dise si, depuis quatorze cents ans, la France a jamais cessé d'ajouter quelque nouveau fleuron au diadème de Marie. A cette époque, où l'on eût cru que *le monde, en se secouant, avait rejeté ses vieux habillements pour se couvrir çà et là d'un blanc vêtement d'églises* [1], ce fut à Marie qu'il offrit le tribut de ses principales merveilles. Avancez donc, ô divine Vierge, et poursuivez votre marche triomphale à travers les siècles sur ce sol généreux qui est votre plus bel apanage humain : *Prospere procede, et regna* [2]. Ne craignez pas que votre peuple se soit refroidi avec les années ; ne craignez pas que le souffle glacial de l'incrédulité ait affaibli la chaleur de ses sentiments. Que l'Église prononce sa sentence ; que votre privilége soit défini : l'acte de foi, contenu dans un acte d'amour, se produira aussitôt par une manifestation immense. Les fils sauront non-seulement égaler, mais encore dépasser leurs pères. Fiez-vous toujours à la France, ô Marie ! venez, et d'une

culum, sed et plenum effectum. Henric. 1. ad canonic. Carnot. ap. Gall. Christian., t. 8. p. 300.

[1] Erat enim instar ac si mundus, excutiendo semet, rejecta vetustate, passim candidam vestem ecclesiarum indueret. *Glaber Radulph.* Hist. lib. III. c. 4.

[2] Ps. XLIV. 5.

frontière à l'autre, vous serez couronnée : *Veni, coronaberis*.

Mais il est une ville en France qui vous appartient entre toutes les autres. Il y a plus de six cents ans qu'un poëte national le disait à la cour de Philippe-Auguste et de Louis-le-Chaste : « La Vierge, Mère de
» Dieu, a révélé, et par ses paroles et par les effets,
» qu'elle aimait Chartres de préférence à toutes les
» cités. Dans de fréquentes apparitions, elle a daigné
» se nommer elle-même *Dame de Chartres* : là elle ré-
» pand des bienfaits sans nombre et des faveurs sans
» égales ; là elle a choisi sa demeure et mis en dépôt
» ses plus riches reliques [1]. » J'insiste un moment sur ces dernières paroles.

En effet, M. F., la célébrité du sanctuaire de Chartres, qui est une des principales gloires de la France, repose sur un double fondement, procède d'une double origine : je veux dire la crypte mystérieuse, creusée au-dessous de ce temple, et le saint vêtement de Marie, déposé dans ce brillant reliquaire. C'est en quelque manière le double germe d'où la basilique entière est éclose ; la double racine sur laquelle le tronc, plusieurs fois mutilé, a toujours puisé une nou-

[1] Quam quasi postpositis specialiter omnibus unam
Virgo beata docet Christi se mater amare,
Innumerabilibus signis gratoque favore;
Carnoti Dominam se dignans sæpe vocare.
Cujus et *Interulam* cuncti venerantur ibidem
Qua vestita fuit cum castum protulit agnum.
(*Guill. Brito, Philippid. l.* 2. *Ap. Histor. de Fr.*, t. 17. p. 141.)

velle sève et repris une végétation plus florissante. Toute l'histoire, toute la vie du monument ne s'expliquant que par ces deux causes, vous me permettrez de vous en dire quelques mots pour l'intelligence du discours.

Et pourquoi ne rappellerais-je pas tout d'abord que d'antiques traditions, consacrées par notre vénérable liturgie, rattachent la fondation de ce temple à des âges qui ont précédé le christianisme ? La peinture chrétienne, dans une des compositions à la fois les plus originales et les plus splendides dont elle ait orné ce monument, a figuré ingénieusement la transition de l'ancienne à la nouvelle alliance par la représentation des quatre grands Prophètes portant sur leurs robustes épaules les quatre évangélistes. Pourquoi ne voudrais-je pas que, par une réalité analogue, toute cette basilique du Christ et de sa mère ait ses pieds assis sur la grotte religieuse où nos ancêtres, livrés à un culte mêlé d'erreurs grossières et de vérités altérées, auraient associé aux noms de leurs divinités celui de la Vierge qui devait enfanter ? Ce thème favori des chroniques chartraines et des muses beauceronnes, puisé à des sources historiques qui sont dignes de respect, se trouve reproduit jusque dans les considérants des ordonnances de nos rois [1] ; mais surtout il a servi d'aliment à la piété des saints; il se lisait dans les *heures* enluminées de nos aïeux, et c'est aux vieux mis-

---

[1] Lettres patentes du roi Jean (août 1356) ; et de Charles VII (juin 1432).

sels manuscrits que l'imprimerie naissante l'emprunta, quand elle le transcrivit sur le livre authentique dont cette église se sert pour la célébration du sacrifice [1]. C'en est assez pour que je ne repousse pas une croyance, à laquelle d'ailleurs l'érudition sacrée et profane, en nous offrant mille autres traditions du même genre, ne peut refuser la possibilité et la vraisemblance.

Quoi qu'il en soit, depuis les premiers jours du Christianisme jusqu'à la fin du dernier siècle, la *Nostre Dame de Soubs-terre* a été le plus célèbre sanctuaire européen de Marie ; et cette longue suite de papes, de rois, de saints, de pontifes, de princes, de pèlerins de tout âge, de tout sexe, de toute condition que nous verrons affluer à Chartres, s'en iront toujours, avant toutes choses, se prosterner sur le pavé de la sainte grotte. Notre vieil historiographe en donne la vraie raison : « La principale dévotion de toute » l'église chartraine est à cet autel. » Aussi les témoignages de la piété et de la reconnaissance des peuples y abondent. D'innombrables lampes y brûlent la nuit et le jour. La crypte est une forteresse : elle a ses hommes d'armes qui la défendent dans les siècles de guerre. La crypte est une hôtellerie ; elle a

---

[1] Oremus. Inexpugnabili muro tuæ potentiæ, quæsumus, Domine, civitatem istam Carnotensem ab omnibus inimicorum insidiis defende; et quam in honorem matris tuæ Virginis parituræ primam apud Gallos de mysterio tuæ Incarnationis instruere voluisti, meritis ejusdem Virginis in vinculo pacis unitam ad cœlestem Jerusalem transferre digneris : Qui vivis. *Miss. Carnot. ms.* 435. — *Miss. edit. ann.* 1482, *p.* 107 *verso.*

ses pieuses vierges, pour soigner, durant la neuvaine qui sera suivie de leur guérison, les pèlerins atteints du feu sacré ou du mal des ardents. Enfin, pour tout dire, *il s'y opère incessamment des merveilles sans nombre: Ubi jugiter multa fiunt mirabilia*[1].

A ce premier motif de la célébrité de l'église de Chartres, vint s'en ajouter un second. La monarchie française, en plusieurs rencontres, avait ressenti déjà les heureux effets du pouvoir de la Vierge chartraine. Par les ordres de Charles-le-Chauve, l'une des reliques sacrées de Marie que l'Occident avait reçues des empereurs d'Orient, la Tunique intérieure de la très-sainte et très-chaste mère de Jésus, fut apportée en cette cité, où désormais elle partagera avec la Vierge de la grotte la vénération et les hommages de toute la chrétienté [2]. Est-ce ce vêtement sacré qui est représenté sur nos antiques monnaies, et qu'on retrouve dans le blason hiéroglyphique de la cité, ainsi que l'assurent d'illustres numismates? J'hésiterais à le croire. Mais ce qui est du domaine authentique de l'histoire, c'est la délivrance miraculeuse de la France par ce divin Palladium. Devant la sainte Tunique de Marie, portée au bout d'une lance par

---

[1] Cartul. de S. Père de Chartres, t. 1, p. 46, note 1.

[2] La critique la plus éclairée démontre l'authenticité de cette relique par une possession séculaire et par des preuves qui ne laissent rien à désirer. L'objection qu'on a voulu tirer de la pauvreté de Marie n'est pas sérieuse. Certes, si modeste que fût sa condition présente, la fille des rois de Juda pouvait bien posséder un de ces vêtements qui se transmettaient de génération en génération dans toutes les familles anciennes, lors même qu'elles étaient déchues de leur splendeur.

l'évêque de Chartres, en guise d'étendard et de drapeau, Rollon, l'invincible Rollon, et ses intrépides bataillons se sentirent terrassés. Défaite glorieuse, s'écrie un personnage presque contemporain, qui apostrophe ainsi le vaincu : « O Rollon, vaillant » et puissant capitaine, ne rougis pas de cette dé- » route. Ce n'est pas le Franc qui te met en fuite, ni » le Burgonde qui te taille en pièces : *Non te Franco* » *fugat, nec te Burgundio cædit ;* c'est la Tunique au- » guste de la Vierge mère de Dieu, placée aux mains » d'un prélat vénérable [1]. » Depuis ce jour, M. F., la *sainte Chemise de Chartres* (car il faut bien employer le nom que lui ont donné nos pères), est considérée comme la tutelle de la cité et de la nation; l'église où elle repose s'appelle désormais, dans le langage mystique des peuples, *la chambre, le thalame, le lit* de la Vierge ; la châsse qui la contient, faite de bois de cèdre revêtu d'or pur, est chargée successivement des dons de toutes les générations ; elle est portée solennellement en procession dans tous les temps de calamités publiques ; elle est exposée durant tout le jour devant le grand autel ; elle a ses prêtres chapelains et ses gardiens perpétuels ; nul ne mérite le titre de dévot pèlerin de Notre-Dame, s'il n'a passé sous la châsse, d'où découlent mille grâces de guérison, s'il ne porte sur lui une image bénite de la sainte relique : préservatif assuré, bouclier impénétrable, derrière lequel les chevaliers ne craignent ni fer ni acier ; à tel

[1] Dudo, de moribus et actis Normann. ap. Duchesne, t. II, p. 80.

point, est-il observé dans certain discours sur les duels, que celui qui est muni d'un tel avantage en doit avertir son adversaire, parce que la partie n'est plus égale....
Je m'arrête, M. F., car je ne dois pas me laisser aller à l'abondance de la matière.

Il me suffit d'avoir établi que la dévotion à Marie, dans la cité de Chartres, roule pour ainsi dire sur ce double pivot, la sainte grotte et la sainte châsse. Voyons quel édifice est venu s'appuyer sur cette base, voyons quelle couronne les mains de nos pères, ou plutôt les mains de l'univers entier, ont ici tressée à la Reine des cieux : Venez, ô Marie, vous serez couronnée : *Veni, coronaberis.*

La voyez-vous de loin cette cathédrale qui domine toute la contrée, qui dédaigne la terre, qui laisse ramper à ses pieds les plus hauts monuments, et dont l'architecture et les dimensions ne semblent correspondre qu'à l'architecture même des cieux et aux dimensions de l'horizon que votre œil embrasse ? De quelque distance que vous l'ayez aperçue, imitez la piété de nos pères, et mettez-vous à genoux pour saluer *Notre-Dame.* Ce nom est le nom même de l'édifice, comme il est le nom de celle à qui l'édifice appartient. Mais, approchez. Qui de vous, M. F., a jamais franchi l'entrée principale de ce temple, qui de vous a jamais posé le pied sur le seuil de cette basilique, sans se sentir accablé, ému, transporté, attendri de tant de grandeur, de majesté, d'harmonie, de silence, d'esprit de recueillement et de prière, sans éprouver une impression qui l'ait comme sorti de cette sphère terrestre pour le placer

sur le seuil de la céleste Jérusalem ? Mais surtout qui de vous a jamais étudié le mystère de toutes les parties du temple, sans être pénétré d'admiration en présence de tant de doctrines, de tant de lumières accumulées et réunies comme dans une encyclopédie sacrée? Il a plu à Dieu, dit saint Paul, de « récapituler
» toutes choses en Jésus-Christ, qui est le chef de l'hu-
» manité, et qui est placé au-dessus de toute princi-
» pauté, de toute puissance, de toute vertu, de toute
» domination, et de tout nom qui puisse être prononcé
» non-seulement dans ce siècle, mais encore dans le
» siècle futur [1]. » Et Marie, ajoute saint Augustin,
» Marie qui est la mère de Jésus-Christ, est la mère
» de notre chef, de notre tête : *Maria, mater capitis*
» *nostri*. » Par conséquent, dans un sens très-vrai, toutes choses peuvent et doivent tendre vers elle comme vers Jésus. Or, c'est ici, M. F., que vous trouvez cette concentration universelle du ciel, de la terre et des enfers, de l'éternité et du temps, de la nature et de la grâce, de la science et de l'histoire autour du trône de Marie.

Marie, vous la montrerai-je du côté de l'aquilon, portée sur les bras de la bienheureuse Anne, sa mère, entourée des patriarches et des rois, ses ancêtres selon la chair; des prêtres et des prophètes, ses aïeux spirituels : brillante escorte de la royauté et du sacerdoce antiques qui résument quarante siècles d'attente? Marie, vous la montrerai-je tournée vers l'occident,

---

[1] Ephes. I, 21-23.

donnant au monde le Désiré des nations, le législateur du peuple nouveau, le sauveur des hommes, la victime du Calvaire, le vainqueur de la mort, le triomphateur qui retourne au ciel ? Marie, vous la montrerai-je aux rayons ardents du midi, âme de l'Église qui est héritière des deux testaments, ayant son trône comme Jésus au milieu des apôtres, au centre des martyrs et des confesseurs, et de tous ceux qui, ayant suivi sur la terre le Fils de l'homme, au jour de la régénération, quand il sera sur le siége de sa majesté, seront assis avec lui sur douze siéges pour juger les douze tribus d'Israël [1] ? Marie, enfin, vous la montrerai-je au côté de l'aurore, à la place éminente qui sied à la dame et maîtresse de la demeure, assise à la façon des reines, *sedeo regina ;* Reine, en effet, du monde entier, dont elle reçoit les vœux, les hommages, et auquel elle présente en échange une fleur, ou plutôt le fruit par excellence, l'Enfant divin, qui bénit de sa droite ce globe terrestre dont sa gauche semble se jouer, comme au jour primitif où elle le jetait dans l'espace ?

Et ce ne sont là que quelques esquisses à grands traits; que ne puis-je aborder le détail ? Il faudrait, avant tout, exposer une large doctrine que nous trouvons dans le pape saint Grégoire. « J.-C. dit à ses disciples :
» Allez dans le monde entier, prêchez l'Évangile à
» toute créature. Quoi donc ? s'écrie le saint docteur,
» est-ce que le saint Évangile devait être prêché aux
» êtres qui n'ont pas de sentiment, aux animaux

Matth. xix, 28.

» dénués de raison, pour que J.-C. ait pu dire : Prê-
» chez à toute créature. » Et il se répond à lui-même :
« Mais toute créature est résumée, est baptisée dans
» l'homme; et l'homme, de son côté, a en lui quelque
» chose de chaque créature [1]. » Ne vous étonnez donc
pas, M. F., si toutes les parties de la création ont
été convoquées dans le temple pour y recevoir en
quelque sorte l'initiation surnaturelle, pour y rendre
foi et hommage au Christ, qui est la tête de toute la
nature humaine et créée, et à Marie qui est la mère de
ce chef, de cette tête : *Maria, mater capitis nostri.*

La proscription de la nature, dites-vous ? *la proscription du Créateur ?* Où donc avez-vous pris cette
accusation tardive, historien-poëte de la Renaissance? Eh! ne voyez-vous pas tous les règnes de
la nature, toutes les œuvres du Créateur, tous les
états de l'humanité, toutes les formes, tous les pro-
duits de la pensée, du travail et de la science, toutes
les évolutions de l'histoire entrer dans la sublime
composition du temple : à ce point qu'on peut dire
de la basilique qu'elle est une exposition complète
et permanente de tout l'ordre naturel aussi bien
que de l'ordre surnaturel, remontant, gravitant de
concert et dans la juste et nécessaire dépendance et

---

[1] Numquid, fratres mei, sanctum evangelium vel insensatis rebus vel brutis animalibus fuerat prædicandum, ut de eo discipulis dicatur : Prædicate omni creaturæ ? Sed omnis creaturæ nomine signatur homo. Omnis autem creaturæ aliquid habet homo…. Si ergo commune habet aliquid cum omni creatura homo,… omni ergo creaturæ prædicatur evangelium cum soli homini prædicatur. *Homil.* 29 *in Evang.*

subordination de l'un à l'autre, vers le chef unique et le centre universel, qui est le Fils de Marie, le médiateur placé entre la terre et les cieux, entre l'humanité, qu'il a prise au sein virginal, et le Père, de qui il est engendré de toute éternité ! *La proscription de la nature !* Ah ! l'ancienne loi voulait que l'univers entier fût représenté sur le pectoral du grand-prêtre, et que les faits illustres des ancêtres fussent gravés sur les pierreries qu'il portait [1] ; et, maintenant encore, chaque fois qu'un prêtre de la loi nouvelle descend du saint autel, l'Eglise place sur ses lèvres, teintes du sang de Jésus, l'hymne par lequel toutes les œuvres de la création naturelle et surnaturelle, dans leur énumération la plus complète, sont excitées à bénir, à louer, à exalter le Seigneur : depuis la terre et les astres, jusqu'aux métaux et aux plantes ; depuis les oiseaux et les quadrupèdes, jusqu'aux enfants des hommes selon la nature, et aux fils d'Israël selon la loi ; depuis les prêtres du Seigneur et les saints et humbles de cœur qui sont sur la terre, jusqu'aux esprits et aux âmes des justes qui triomphent dans le ciel [2]. Or, quand c'est dans une basilique comme celle de Notre-Dame de Chartres, par exemple, que ce prêtre a immolé la victime sainte ; s'il a l'intelligence du lieu où il se trouve, il n'a point, dans son action de grâces, à faire effort pour chercher au loin et

---

[1] In veste enim poderis quam habebat, totus erat orbis terrarum ; et parentum magnalia in quatuor ordinibus lapidum erant sculpta. Sap. xviii, 24.
[2] *Miss. roman. Gratiarum actio post missam. Cantic. Benedicite.*

ramasser péniblement par la pensée toutes les pièces éparses de l'une et l'autre création. Tout ce monde de la nature et de la grâce, de la science et de la foi, de la terre et du ciel, du passé et de l'avenir, des choses visibles et invisibles, peint, sculpté, figuré autour de lui, le presse, l'enveloppe de toutes parts; l'universalité des êtres vient, en quelque sorte, se poser sur sa poitrine : *In veste poderis quam habebat, totus erat orbis terrarum ;* de tous côtés, des voix lui correspondent; et le cantique qu'il récite, est, en même temps, répété, chanté, comme en un chœur alternatif, par la pierre qui tressaille et par la vitre qui frémit.

Voilà comme la basilique chrétienne *proscrit la nature*, voilà comme elle *exclut le Père et le Créateur.*

Encore, s'ils n'avaient dit que cela ! Ah ! que Dieu pardonne aux génies égarés qui abusent des plus magnifiques dons du ciel et qui déshonorent leurs plus belles œuvres en trempant leur palette dans la fange! Que Dieu leur pardonne, à ceux qui ont souillé, par les récits imaginaires et fantastiques d'un sensualisme immonde, la demeure du spiritualisme le plus épuré ! Non, ils n'ont pas dit vrai, et le roman n'est pas l'histoire. Qu'elle s'élève sur les bords de la Seine ou sur les bords de l'Eure, la basilique de Notre-Dame, considérée dans son existence et sa destinée séculaire, n'est point le tragique repaire des intrigues criminelles et des passions ignobles. Non, ce n'est point une âme pétrie de luxure et de boue qui s'est attachée à ce grand corps, et qui lui donne l'inspiration et la vie. Si parfois le vice est venu y chercher un abri (où l'homme ne le porte-t-il pas?), toutes les pierres des murailles ont crié et se sont soulevées contre lui ; car toutes les pierres de l'édifice exhalent, distillent la pureté, la vertu. L'Esprit Saint et sanctificateur plane sous ses voûtes ; il y opère l'œuvre du salut et de la sainteté dans des milliers d'âmes. Je vois, pendant la longue série des âges, le culte religieux s'y accomplir dans les proportions les plus dignes d'une grande nation qui veut honorer noblement la Divinité et lui constituer une cour qui ne soit pas inférieure à celle des majestés de la terre. Le sacrifice y est célébré parmi les pompes les plus solennelles; les louanges du Seigneur y sont chantées aux heures de la nuit, de l'aurore et du soir, depuis le premier jusqu'au dernier jour du cycle sacré, qui ne finit que pour recommencer encore, jusqu'à ce que sonne l'heure éternelle. Et si, pendant quinze cents ans, les sillons les plus fertiles de nos ondoyantes plaines de la Beauce, les pâturages les plus gras de nos vertes vallées du Perche, forment le domaine temporel de cette grande Eglise, où siége un évêque entouré d'un sénat de soixante-seize membres et dignitaires, assistés eux-mêmes d'un nombre au moins égal de bénéficiers secondaires, de chapelains et de serviteurs divers, l'histoire mieux étudiée nous apprendra que ce vaste patrimoine réalisait dans l'ordre, si je puis ainsi le dire, les rêves les plus désordonnés des utopistes modernes ; qu'il était comme la possession indivise, la propriété successive de tous ; qu'il maintenait et souvent rétablissait à leur premier niveau les familles plus anciennes; qu'il promettait une noble aisance et une dignité enviée aux enfants des classes plus humbles qui fréquentaient les écoles publiques et obtenaient les grades ; qu'en plaçant l'agriculture dans des conditions que l'Eglise seule pouvait et voulait lui faire, il recrutait à chaque demi-siècle une bourgeoisie nouvelle et augmentait incessamment le nombre des familles influentes ; enfin, qu'en mettant aux mains les plus désintéressées des aumônes toujours prêtes à se répandre dans le sein des pauvres, il suffisait, lui seul, à éteindre à peu près la misère dans toute la contrée.

Voilà, M. F., sous son point de vue humain et divin, la véritable Notre-Dame ; voilà la Notre-Dame de Chartres qu'avaient faite nos pères, qu'avaient faite les siècles. Nous ne jetons pas un regard d'envie sur ce qu'elle a perdu ; mais nous voulons, par un souvenir de justice, la consoler dans sa grandeur déchue. D'assez nobles compensations lui restent, puisqu'elle a gardé ses attributs essentiels. Souffrez que nous ajoutions un dernier trait à notre tableau, qui, sans cela, vous paraîtrait assurément incomplet.

Que d'autres monuments rivaux puissent venir se poser à côté de celui-ci avec une prétention plus ou moins fondée, c'est ce qu'il ne m'appartient pas de décider. Mais il est une gloire qui lui est propre et qu'on ne lui disputa jamais : vous avez nommé ces deux tours gigantesques, ces deux flèches aériennes, qui n'ont pas leurs semblables dans le monde. Je le sais, le Rhin voit s'élever près de ses bords une célèbre pyramide, justement vantée pour son élévation et sa hardiesse ; mais, solitaire depuis plus de trois siècles, elle attend encore sa sœur qui ne naîtra sans doute jamais, et la basilique de l'Alsace est condamnée à ne lever qu'un bras vers les cieux. La nôtre est plus heureuse.

Qui de vous, M. F., n'a souvent admiré, n'admire encore chaque jour ces deux sœurs, qui, comme il convient à des sœurs : *quales decet esse sororum*, ont leurs points de ressemblance et leurs traits différents ? L'une, plus âgée, et si j'ose ainsi parler, grave matrone, dont le front bruni conserve encore sa grâce à travers les rides de l'âge ; l'autre, sœur puînée, et, selon le langage sacré, jeune fiancée, vêtue de sa parure nuptiale et de toute la fleur de sa riante élégance[1]. L'une, portant sur sa masse colossale un cône sévèrement ouvragé, et dont le vêtement austère, sculpté par le ciseau byzantin, laissait sortir avec peine les sons étouffés de son bourdon majestueux ; l'autre, sous la main, chrétienne encore, de la Renaissance *s'élançant jusqu'aux astres, étincelante de mille jours, découpée en mille dentelures, enri-*

---

[1] Præparata ut sponsa copuletur Domino. *Hymn. Eccl.*

chie de mille ornements, et livrant à tous les souffles des vents les accords faciles de ses cloches plus légères[1]. L'une enfantée par les âges héroïques de la Foi, et qui, aux jours où elle naissait, se souvient d'avoir vu s'asseoir à ses pieds Thomas, l'exilé de Cantorbéry, et Bernard, l'abbé de Clairvaux, Bernard qui prêchait ici la seconde croisade, et que les évêques et les barons nommaient par acclamation généralissime de cette grande entreprise ; l'autre, dernier effort, ou plutôt, dernier amusement d'un art qui jouait avec les difficultés et les prodiges, quand après une longue paix non moins féconde peut-être en fautes qu'en merveilles, la tempête de l'hérésie fit tomber la truelle et le ciseau des bras de l'Église, forcée désormais de tenir la plume d'une main et l'épée de l'autre pour défendre sa foi attaquée et ses monuments menacés. Que ne pourrai-je pas dire encore de ces deux aiguilles géantes, que le contraste embellit, qui se complètent l'une par l'autre, et qui, pour l'œil du spectateur, finissant par se confondre avec la basilique et par ne former qu'un monument unique, *écrasent l'imagination sous le poids d'une surprise toujours nouvelle, et réveillent dans les cœurs un enthousiasme toujours renaissant.*

Voilà, M. T. C. F., ce que j'appelle le couronnement de Marie à Chartres par la main des âges pré-

---

[1] Quelques traits, signalés par les lettres italiques, ont été empruntés de la gracieuse description faite par S. E. le cardinal Giraud du clocher de Rhodez, contemporain du clocher neuf de Chartres.

cédents ; par la main de cette cité et de cette contrée, sans doute, car il serait injuste de leur ravir la grande part qui leur revient de cette œuvre ; mais aussi par la main de la France entière et de toutes ses provinces ; par la main des nations voisines et des peuples les plus reculés ; enfin, par la main de tout l'Occident, de tout l'univers latin, comme s'exprime Guibert de Nogent: *Totius pene latini orbis veneratione*[1]. Quelques mots de développement, et je finirai.

Le feu venait de réduire en cendres, pour la troisième ou quatrième fois, la ville et l'église de Chartres. La terreur était générale, mais nul ne songeait à soi, ni à sa propre maison, je dirai même, nul ne songeait à l'église détruite et à la peine qu'il faudrait prendre pour la rebâtir. La sainte Tunique de Marie est-elle ou non la proie des flammes? Voilà l'unique question que tous s'adressent avec anxiété. Le chêne a été foudroyé, abattu ; mais si le gland, d'où sortent les chênes, est épargné, ou si la souche n'est pas atteinte, il n'y faudra que le temps et le soin. O surprise, ô joie, ô transport! après quelques jours passés entre la crainte et l'espérance, voici que, les débris étant écartés, le vêtement virginal est retrouvé intact dans son reliquaire ; il a été protégé par la voûte de la grotte, sous laquelle d'intrépides serviteurs du temple l'ont descendu. La sainte châsse reparaît, portée sur les épaules de l'évêque et du doyen, ornée de tous ses joyaux, et riche d'un prodige de plus, puisqu'elle a sauvé

[1] De vita sua. Lib. I. c. 15.

la vie de ses gardiens. En la voyant resplendir au-dessus de ces restes fumants, toute la multitude jette des cris et des larmes de bonheur; l'église entière semble déjà se relever et planer sur cet amas de cendres. L'essor est donné, il est universel. Évêque, chapitre, clercs, bourgeois, artisans, c'est à qui se signalera davantage[1]. L'humble peuple des paroisses (je voudrais les nommer toutes par leur nom) amène, de tous les points du diocèse, le ciment et la chaux, extrait la pierre des carrières, s'attèle aux chars. L'élan est entretenu par mille prodiges qui volent de bouche en bouche; la sainte grotte, la sainte châsse, sont une fontaine intarissable de miracles, qui ne permettent pas au zèle de se refroidir. Oui, certes, le bon peuple de la cité et du diocèse peut bien dire *sa* cathédrale, *sa* Notre-Dame, *sa* Vierge de Chartres : elle est *sienne* à mille titres divers. Et les corps et métiers de la ville et de la contrée peuvent, aujourd'hui encore, vérifier ici la part de leurs dons. Ils ont dignement rivalisé avec les rois et les seigneurs.

Cependant, M. F., quoique l'humble peuple ait toujours afflué ici, je n'oserais soutenir qu'il n'existe pas en France d'autres sanctuaires de Marie aussi populaires que celui de Chartres ; mais ce qu'on peut affirmer, c'est que Chartres est le pèlerinage historique, le pèlerinage national par excellence. Dans les

---

[1] Toute cette scène est admirablement décrite dans le poëme (xiiie siècle) des Miracles de N.-D. de Chartres, qui vient d'être imprimé avec tant de soin. — Garnier. Chartres 1855. Voir miracle 3e, pag 23 et suiv.

éloges qu'ils ont donnés à la race des Francs, les papes l'ont quelquefois appelée *la nation sainte, le sacerdoce royal, le peuple de Dieu sous la loi nouvelle, la tribu choisie dans les temps chrétiens*. Combien j'aime à retrouver cette pensée hardiment écrite en diamants dans les pétales de ces roses étincelantes, où j'aperçois, de ce côté, douze drapeaux de France, au champ d'azur semé de lys sans nombre, entremêlés aux figures de douze prophètes et de douze rois de Juda; et, sur cette autre face, douze bannières seigneuriales de la plus haute noblesse du sang français, flottant entre les étendards des vingt-quatre vieillards qui entourent le trône céleste de l'agneau ! Oui, c'est ici que le peuple Franc se dresse dans toute la majesté de sa prédestination catholique, qu'il se montre dans toute la fermeté de son indissoluble alliance avec la cause du Christ, avec la cause de l'orthodoxie et de l'Eglise. Toutes les grandes lignes de l'histoire de France viennent en quelque sorte aboutir à ce temple. Clovis déjà chrétien, s'acheminant vers les plaines de Tours et de Poitiers, et s'apprêtant, sous les ailes étendues de Martin et d'Hilaire, à mettre en pièces les cohortes ariennes d'Alaric, pour constituer définitivement la France très-chrétienne au lendemain de cette bataille, avait reçu un premier présage de la victoire aux pieds de la Vierge de Chartres, dont l'évêque Solemne avait été le guide de son catéchuménat. La dynastie de Charlemagne s'était montrée royale dès le premier jour, par ses libéralités envers l'église de Chartres qui lui doit son plus saint trésor. Robert, en accordant sa lyre et sa voix avec la voix et la lyre de saint Fulbert, pour chanter des hymnes pieuses en l'honneur de Marie et des Saints, n'avait point négligé la basilique du pontife qui partageait ses études et ses goûts. Philippe-Auguste, dont le règne a vu s'élever ces colonnes et s'arrondir cette voûte en écaille de tortue, comme dit son historien[1], a laissé l'image de son gouvernement dans la forte structure de cette Eglise, objet constant de sa plus grande prédilection ; et son petit fils saint Louis, ce Louis de Poissy qui se trouvait enfant de Notre-Dame de Chartres, a apposé sa main libérale sur toutes les parties qui complètent ce temple, proclamé alors la plus belle demeure terrestre de la Reine des cieux. Le voyez-vous, sur son coursier blanc et dans son armure guerrière, ce roi chevalier, partant, à la tête de ses preux, vers cet Orient, où les Français, après six cents ans, n'ont pas encore achevé son œuvre, qu'ils poursuivent à travers mille obscurités, mille épreuves, et qu'ils n'abandonneront point que la cause du Christ et de l'Église n'ait recueilli les fruits définitifs de cette entreprise ? Et dans ce riche armorial de tous les guerriers qui l'entourent, ne distinguez-vous pas l'ancien écu des premiers

---

[1] Quæ, lapide exciso surgens nova, corpore toto,
Sub testudineo jam consummata decore,
Judicii nihil usque diem timet igne noceri.
Guill. Brito. Philipp. l. 2.

barons chrétiens, dont les descendants sont demeurés les hôtes fidèles du territoire de Notre-Dame?... Mais je ne puis prolonger mon énumération ; car pour raconter la royale histoire de ce temple ; il faudrait redire le nom de tous nos héros ; étaler presque autant de trophées que la France a gagné de batailles ; vous montrer Henri IV, comblant ici de joie tous les vrais chrétiens, c'est-à-dire, tous les vrais Français, et complétant son abjuration sincère de l'hérésie en recevant l'onction qui sacre les fils aînés de l'Eglise ; enfin, il faudrait attirer vos derniers regards sur cette rose d'or, envoyée par le pape à la pieuse Leczinscka qui en a fait hommage à la Vierge de la crypte, et sur cet anneau nuptial légué à la sainte châsse par la mère de Louis XVI. Le reste est trop connu, trop moderne, pour qu'il soit besoin d'en parler.

C'est donc ici l'œuvre de la France, c'est l'œuvre de toute notre histoire. Mais cette œuvre, les nations, nos alliées ou nos ennemies, y ont aussi travaillé avec nous. Quoi d'étonnant? Pouvaient-ils n'y pas concourir avec leurs peuples, tous ces évêques, sortis de l'école célèbre des Fulbert et des Yves, et qui, disséminés sur toute la face de l'Europe, au delà du Rhin, et dans la Gaule Belgique, proclamaient, comme Etienne de Tournay, qu'ils devaient d'autant plus compatir à l'église de Chartres dans ses revers et subvenir à ses besoins, qu'ils avaient sucé plus abondamment la science et la piété avec le lait de ses mamelles [1]? Et que dirai-je

[1] Steph. Tornac. epist. 41.

de l'Angleterre? L'Angleterre, hélas! qui répudie aujourd'hui le culte de Marie, et qui a tant aimé, tant honoré, tant invoqué jadis la Vierge de Chartres? Fulbert nous raconte combien il a tressailli le jour où il a reçu, pour la reconstruction de son église, les riches présents de Canut, roi de Danemarck et d'Angleterre, qu'il croyait encore païen et barbare [1]. Yves nous dit de quelle délectable harmonie ses oreilles étaient réjouies par les instruments sonores qu'avait envoyés à l'église de Chartres la bienheureuse reine Mathilde [2]. Enfin, quoique la guerre n'eût pas tardé à éclater entre l'Angleterre et la France depuis que Guillaume de Tyr avait réconcilié les deux rois et béni leurs flottes alliées, Richard-Cœur-de-Lion n'en voulut pas moins que la quête se fît dans toute l'étendue de ses Etats, pour la reconstruction de la basilique actuelle de la Vierge de Chartres [3], sous les voûtes de laquelle le roi Edouard venait, deux siècles après, signer un premier accommodement qui fut, quoiqu'on en dise, le premier pas rétrograde de nos envahisseurs. Enfin, que dirai-je de l'Espagne? Ici, M. F., c'est une prière que je prononcerai. Vierge Marie, souvenez-vous de cette Castille, dont le blason crénelé scintille, avec le nom de Blanche, tout autour

---

[1] Nobilissimo regi Danomarchiæ, Canuto, Fulbertus Carnotensium episcopus. Quando munus tuum nobis oblatum vidimus, admirati sumus religionem, cum te, quem paganorum principem audieramus, non modo christianum, verum etiam erga ecclesias benignissimum largitorem agnoscimus. Epist. 81, Edit. Papir. Masson.

[2] Opera Ivonis Carnot., *epist.* 142.

[3] Poëme des miracles, p. 141.

de votre monument, et portez secours à cette nation catholique en considération de votre serviteur saint Ferdinand, encore agenouillé ici à vos pieds, tout bardé de fer pour la défense de la foi.

Je l'ai donc dit avec raison, M. F., ce sont tous les siècles, toutes les conditions, tous les pays, c'est la France, c'est l'Europe, c'est l'Occident tout entier, qui ont déposé à Chartres une majestueuse couronne sur le front de la Reine du monde.

Aussi, n'est-il pas un seul de nous dans cette assemblée, de si loin que quelques-uns soient venus, à quelque province qu'ils appartiennent, qui n'ait son droit et sa raison d'être ici, et qui ne puisse avec fondement réclamer pour lui une part dans cette fête.

Il n'a pu nous suivre, et nous regrettons son absence, le vénérable successeur de Martin sur le siége de Tours; nous l'eussions prié de regarder là en face, et de lire : *Viri Turonum dederunt...* Ce sont les Tourangeaux qui ont fait ce don à la Vierge de Chartres.

Elle devait être représentée ici, l'antique province de Normandie. Je veux le dire : cette nation terrible, avec son chef indomptable, ne tarda pas à sentir dans son cœur les coups précieux de la grâce, partis des mêmes mains qui l'avaient terrassée. D'autres expéditions ramenèrent bientôt ce peuple par troupes dans nos murs ; ce n'était plus pour détruire, mais pour édifier ; et l'archevêque de Rouen, dans une lettre célèbre, nous racontera l'un des plus étonnants prodiges de l'histoire : ces confréries, si bien ordonnées, qui allaient implorer sa bénédiction et qui se rendaient à Chartres pour achever l'église et ses tours [1].

La pieuse Bretagne doit être nommée, car on l'a vue rivaliser avec la Normandie ; et toute une colonie de ses enfants, *gens de grande prouesse*, se voua au service de la Vierge de Chartres qui l'en récompensa par ses bienfaits [2].

Prince de l'Église romaine qui siégez sur le trône primatial de notre Aquitaine, permettez que nous revendiquions ici un souvenir commun. Vous savez que notre Guillaume, duc d'Aquitaine et comte de Poitou, fut le principal auxiliaire de Fulbert, et que la crypte, en qui se résument toutes les gloires et tous les prodiges de la Vierge de Chartres, a été bâtie surtout des deniers de ce grand prince et des revenus de Saint-Hilaire de Poitiers.

Vous enfin, Pontife de la grande cité qui préside aux destinées temporelles de la France, vous dirai-je que Notre-Dame de Chartres est unie par des liens séculaires à l'église de Paris? Vous dirai-je que tous vos saints sont venus prier ici ; qu'ils ont, la plupart, quelquefois de pauvres femmes, des reines délicates, parcouru à pied la route longue et monotone qui aboutit à ces clochers que le voyageur fatigué croit toujours atteindre et qui fuient toujours devant lui ?

Sont-ils ici les fils d'Olier, qui voyait jusque dans le nom même de Chartres quelque chose de dévot et de

---

[1] Epist. Hugonis, archiep. Rothomag. apud *Histor. de Fr.*, t. 14, p. 319.
[2] Poëme des Miracles, p. 102.

saint par le souvenir du culte immémorial de Marie qui s'y rattache ; d'Olier qui, à la suite de ses longues et inexprimables épreuves, comme plus tard le pieux archidiacre Boudon, ne retrouvait la lumière de ses yeux et la consolation de son âme qu'aux pieds de notre Vierge ; d'Olier qui confia à Notre-Dame de Chartres les clefs, si bien gardées par elle, de ce séminaire qui ne cesse, depuis deux siècles, de lui envoyer annuellement ses fidèles pèlerins ? Sont-ils ici, les disciples de saint Vincent de Paul, visiteur assidu de ce sanctuaire, près duquel ses enfants ont si longtemps demeuré ? Ou bien les nouveaux héritiers de l'Oratoire de France, dont le fondateur, Pierre de Bérulle, s'empressait d'établir le Carmel auprès de cette église, à cause que le mystère de l'Incarnation et de la Maternité divine, objet de toutes ses méditations, y avait été connu plus tôt que nulle autre part dans les Gaules ; de même que Jeanne de Chantal nous dit dans ses lettres qu'elle n'aura point de repos qu'elle n'ait placé ici un essaim de ses filles, à raison de la vénération dont elle est animée pour la sainte Tunique de l'auguste mère de Dieu, conservée au trésor de la cathédrale de Chartres ? Et que dire de tant d'autres : d'Adrien Bourdoise, l'enfant de cette province, le fondateur du séminaire de St-Nicolas du Chardonnet, qui déclarait n'avoir jamais pu prier ailleurs comme dans l'église de Chartres, et qui exprimait le vœu de mourir à son service dans un poste secondaire de la sacristie ; et du pauvre prêtre Bernard, ainsi que du frère Fiacre, avec leurs quinze ou vingt pèlerinages, je crois, pour obtenir la naissance de ce Dauphin tant désiré qui fut Louis XIV? Que dire enfin de cette Compagnie de Jésus, qui amenait hier dans cette église la florissante jeunesse de ses colléges ; de cette compagnie qui a tant aimé la Vierge de Chartres qu'elle en a voulu porter le nom et le culte jusque dans la nouvelle France, dont les néophytes se sont voués à ce sanctuaire par des monuments qui subsistent toujours?

Je m'arrête et je conclus. Donc s'il y a quelque chose d'antique, de national, de patriotique en France, c'est le culte de Marie. Donc ces fêtes populaires, cet ébranlement pieux, cet enthousiasme ardent dont notre siècle est témoin, tout cela n'est que la renaissance, la résurrection de nos plus nobles sentiments du passé, la continuation des œuvres, la prolongation des pensées et des affections de nos pères. Donc le couronnement de Marie, aujourd'hui, dans cette église, dans cette cité, en présence de tant de pontifes, de tant d'hommes distingués, au milieu de cette foule compacte, attentive, émue, ce n'est que la sanction, la consécration d'un couronnement déjà séculaire, ou plutôt c'est une dernière perle plus brillante, une émeraude plus sainte qui vient surmonter le diadème formé par le concours de tous les pays et de tous les temps. Venez, ô Marie, et vous serez couronnée: *Veni, coronaberis.*

Ah ! sans doute, durant le cours des âges, les hommages pieux, non plus que les libéralités spirituelles des pontifes de Rome, n'avaient pas fait défaut à ce sanctuaire illustre de la Reine des cieux. Urbain II, l'immortel promoteur des croisades, nous a laissé un témoignage écrit *de sa dilection, de sa protection et de son zèle particulier pour l'église de Chartres, à cause de la dévotion et de la révérence qui sont dues à la bienheureuse Marie* [1]. Plus tard, ce fut grâce à l'intervention et à l'éloquence d'un légat du saint-Siége que cette basilique se releva d'une façon si merveilleuse [2]. Et quand elle fut achevée dans dans toutes ses parties, Alexandre IV, à la demande de son très-cher fils Louis IX, le roi de France, prodigua les louanges et les faveurs à cette demeure incomparable de Marie, dont la dédicace solennelle présenta le plus magnifique spectacle que ce siècle si religieux et la cour du saint monarque aient pu contempler [3]. Mille autres largesses pontificales nous sont marquées sur la route des temps.

Aujourd'hui, le chef suprême de la chrétienté, le pontife à qui Marie avait réservé l'insigne honneur de déclarer authentiquement au monde le dogme de sa Conception Immaculée, vient mettre le sceau à tous

---

[1] Urbanus episcopus, servus servorum Dei, dilectis in Christo filiis clero ac populo Carnotensi. Nos quidem tum pro Beatæ Mariæ semper virginis devotione ac reverentia... Ecclesiæ vestræ dilectionem, protectionem et curam specialius impendentes. Gall. Christ. t. 8, p. 305.

[2] Le cardinal Melior, légat de Célestin III. *Poëme des Miracles*, pages 24 et suivantes.

[3] Cum... ecclesia vestra, ad quam de diversis partibus ob reverentiam gloriosæ Mariæ semper virginis, causa devotionis, innumera confluit multitudo, debeat in proximo dedicari, nos, etc. Gall. Christ. t. 8. p. 370.

ces priviléges, à toutes ces faveurs. Lui qui porte la plus auguste couronne qui soit sur la terre, il s'avance, au nom de l'Eglise romaine dont il est l'évêque, au nom de l'Eglise d'Occident dont il est patriarche, au nom de l'Eglise universelle dont il est le pontife, au nom de J.-C. dont il est le vicaire, au nom de Dieu dont il est le plus auguste représentant; et, par l'heureuse main qu'il a désignée, il dépose sur le front de la Vierge de Chartres une couronne dont le prix n'est dépassé que par celui de la couronne éternelle. Solennité unique, qui remplit de joie le cœur de tous ceux qui s'intéressent à la gloire et au culte de Notre-Dame, et dont le souvenir rappellera à nos arrière-neveux l'un des plus beaux jours qui pût se lever pour cette cité et pour cette église.

O vous d'abord, illustre pontife, qui présidez ici par la dignité de vos cheveux blancs, vous qui avez engagé tant de combats pour l'honneur de Dieu, pour la divinité de son Verbe fait chair, pour la liberté de son Eglise, bénissez le Seigneur qui vous donne aujourd'hui la consolation de voir Marie si glorifiée dans le temple où vous avez reçu tant de marques de sa protection. Il nous en souvient, lorsque notre respectueuse tendresse se permettait, autant qu'il est permis au fils envers son père, d'applaudir à vos anciennes luttes, si nobles, si apostoliques, et dans lesquelles nous admirions à la fois l'intrépide fermeté d'un évêque et la franchise loyale d'un chevalier, vous nous répondiez, avec l'accent d'une modestie convaincue, qu'il n'en fallait pas attribuer le mérite à vous, mais à votre chaire, à votre siége ; et nous avons lu avec attendrissement cette page récente où, de toutes les gloires d'un épiscopat qui appartient déjà à l'histoire, vous ne vous réservez que celle d'avoir été pendant trente ans comme l'aumônier et le chapelain de l'auguste Vierge dans son sanctuaire le plus renommé. Accueillez en ce moment, ô mon père, ce nouveau tribut de ma piété filiale, qui, en tombant de mes lèvres fatiguées, n'arrive pas jusqu'à vous, je le crains, avec toute la chaleur dont mon cœur voudrait l'animer.

Et vous, pieux et vénéré prélat, à qui Marie avait destiné ce grand et noble héritage, votre épiscopat naissant est aujourd'hui consacré par une date immortelle, et vous inaugurez l'ère d'une seconde vie pour le culte de la Vierge de Chartres. Quand, aux jours de Regnault de Mouçon, les ravages du feu avaient détruit cette église, le poëte s'en consolait dans ses chants, et il admirait à travers cet événement sinistre une prévoyance merveilleuse de Marie, laquelle livrait aux flammes sa maison peu digne d'elle et tombée dans un état misérable, afin qu'elle reparût bientôt plus belle et plus grande [1]. Je le dirai aussi :

[1] Contigit haud multo decurso tempore quod hæc
Virgo Dei mater, quæ verbo se docet et re,
Carnoti Dominam, laudabiliore paratu
Ecclesiam reparare volens, specialiter ipsi
Quam dicat ipsa sibi, mirando provida casu,
Vulcano furere ad libitum permisit in illam

Quand, il y a vingt ans bientôt, le feu visita le sommet du temple et des tours, nous fûmes consternés. Et c'était une admirable providence : *mirando provida casu*. Car l'édifice, tristement négligé et livré à l'oubli, reprenait de ce jour-là sa prééminence et reconquérait ses titres à l'étude et à l'admiration de tous. De cet instant, les pouvoirs humains, et ceux qui ne sont plus, et ceux qui leur ont succédé (car nous avons à cœur d'être juste et reconnaissant envers les uns et les autres pour tout ce que leurs œuvres ont eu de bon et de chrétien), prenaient l'édifice sous leur protection et s'appliquaient à lui rendre sa solidité et sa splendeur. Mais les pierres ne sont pas tout ; et d'aujourd'hui, Monseigneur, le sanctuaire de Chartres aura retrouvé toute son ancienne vertu.

Le culte de Marie, j'ai hâte de le dire, ne s'était point ralenti autour des autels de notre mère, et la province de Chartres est toujours demeurée fidèle à sa glorieuse maîtresse. A toute heure du jour, vous eussiez vu l'image de Marie entourée de ferventes prières, la colonne sur laquelle ses pieds reposent assiégée par les baisers et inondée des pleurs de la multitude. Nulle part la Vierge sans tache n'a produit autour d'elle un plus riche essaim d'âmes virginales, de cœurs purs et aimants. Il nous serait plus facile de compter toutes les pierres de cet édifice que d'énu-

<small>Ut medicina foret præsens exustio morbi
Quo Domini domus illa situ languebat inerti.
(*Guill. Brito. Philipp.* l. 2.)</small>

mérer les actes de foi et d'amour qu'il a protégés de son ombre. Oui, la dévotion à Marie dans l'église de Chartres, telle que nous l'avons connue durant la première partie de ce siècle, n'a cessé de placer ce sanctuaire au premier rang. Toutefois un des principaux éléments de sa gloire et de ses grandeurs lui manquait. Depuis les jours mauvais de nos désastres publics, l'église souterraine de Marie, *le lieu saint et illustre où nos pères l'avaient louée*[1], n'avait pu être rendu à nos ardents désirs. Enfin, Monseigneur, vous avez été inspiré de la rouvrir, cette grotte sainte; l'autel du sacrifice a été relevé en ce même lieu où tout ce que le sacerdoce français a eu de plus éminent est venu célébrer la messe de la bienheureuse Vierge. J'ose le prédire : Chartres redeviendra, plus que jamais, le centre de la dévotion à Marie en Occident; on y affluera, comme autrefois, de tous les points du monde. Levez-vous donc, et portez à cette statue révérée la couronne que le Siége apostolique lui décerne, et qui sera le complément de cette grande restauration. Venez, ô Marie; vous serez couronnée : *Veni, coronaberis*.

O très-sainte Dame de Chartres, en ce moment précieux d'un de vos plus beaux triomphes temporels, abaissez sur nous vos yeux, ces yeux que nous avons appris à connaître, ces yeux si doux, si pleins de miséricorde, ces yeux qui calment la douleur, qui versent la joie et la consolation : *Illos tuos miseri-*

---

[1] Domus sanctificationis nostræ et gloriæ nostræ, ubi laudaverunt te patres nostri. Isaï. LXIV. 11.

cordes oculos! Abaissez-les sur cette cité, qui vous aime toujours avec transport et qui est toujours digne de vous; sur ce diocèse si fier de vous appartenir, et qui est représenté ici par la presque totalité de son généreux clergé. Abaissez-les, vos yeux maternels, sur la France, qui oublie ses malheurs, ses appréhensions pour vous fêter; sur Rome, qui vous glorifie et qui vous couronne; sur l'Occident, qui prie et qui combat; sur l'Orient, qui se dissout et qui s'ébranle; sur le monde qui périrait sans vous Les jours sont mauvais, de tristes pressentiments nous assiégent. O notre avocate, entendez les cris que nous poussons vers vous, je ne dirai pas du fond de cette vallée d'exil et de larmes : la terre, il est vrai, ne peut être appelée que de ce nom; mais ce temple, ô Marie, il me l'a toujours semblé, il me le semble surtout à cet instant, ce temple, non, ce n'est pas l'exil, ce n'est pas la vallée; il nous élève de plusieurs degrés vers la patrie, et l'on s'y sent comme à mi-côte de la sainte montagne. Ce temple, ô Vierge Marie, je n'ai jamais compris qu'on pût se consoler de le quitter, sinon par l'espérance plus fondée de trouver dans l'obéissance à la volonté divine le chemin du temple éternel des cieux. Daignez nous y conduire tous un jour, et nous y montrer la couronne qui ceint votre front immaculé; daignez nous y montrer surtout Jésus, le fruit béni de votre sein, Jésus, votre plus belle couronne et la couronne de tous les élus. Ainsi soit-il.

POITIERS. — IMP. DE HENRI OUDIN.

www.ingramcontent.com/pod-product-compliance
Lightning Source LLC
Chambersburg PA
CBHW061004050426
42453CB00009B/1245